宋　佚名　绢本　26.1cm×26.7cm

宋 佚名 绢本 26.1cm×26.7cm

宋　佚名　绢本　26.1cm×26.7cm

宋　佚名　绢本　26.1cm×26.7cm

宋　佚名　绢本　26.1cm×26.7cm

宋　佚名　绢本　26.1cm×26.7cm

宋 佚名 绢本 26.1cm×26.7cm

宋 佚名 绢本 26.1cm×26.7cm

宋　佚名　绢本　26.1cm×26.7cm

宋 佚名 绢本 26.1cm×26.7cm

宋 佚名 绢本 26.1cm×26.7cm

宋　佚名　绢本　26.1cm×26.7cm